AF221985

Impressum
Verlag: BABADADA GmbH, Nedderfeld 112 , 22529 Hamburg
Geschäftsführer / Verlagsleitung: Harald Hof
Druck: Books on Demand GmbH, In de Tarpen 42, 22848 Norderstedt

Imprint
Publisher: BABADADA GmbH, Nedderfeld 112 , 22529 Hamburg, Germany
Managing Director / Publishing direction: Harald Hof
Print: Books on Demand GmbH, In de Tarpen 42, 22848 Norderstedt, Germany

# училище

# școală

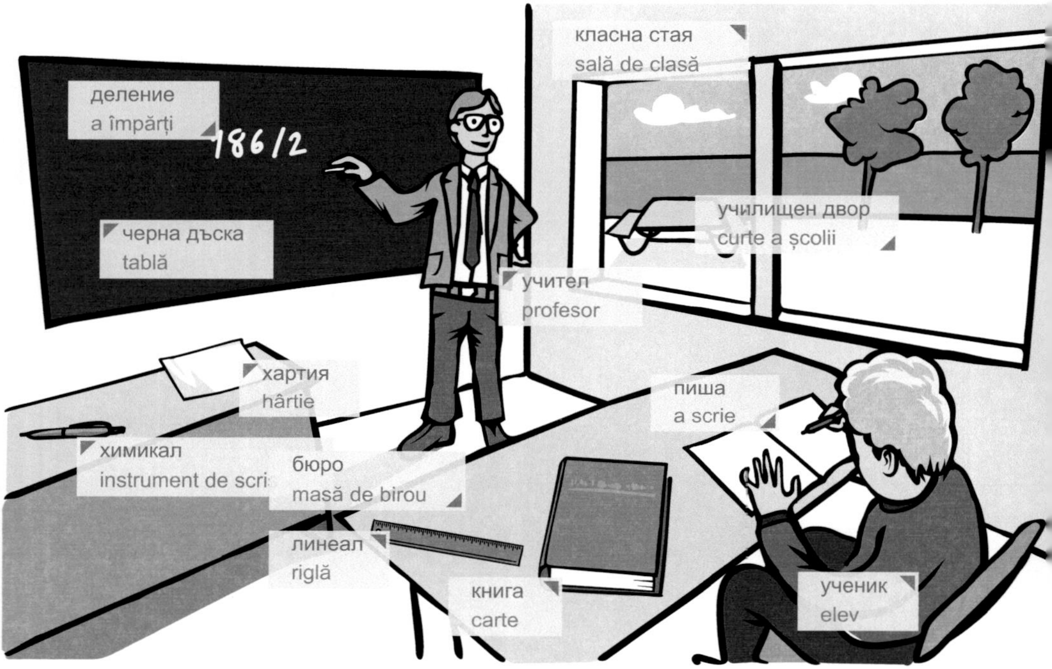
класна стая
sală de clasă
деление
a împărți
186/2
черна дъска
tablă
училищен двор
curte a școlii
учител
profesor
хартия
hârtie
пиша
a scrie
химикал
instrument de scri
бюро
masă de birou
линеал
riglă
книга
carte
ученик
elev

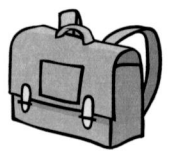

ученическа раница

ghiozdan

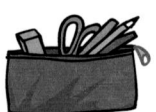

ученически несесер

penar

молив

creion

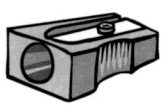

острилка за моливи

ascuțitoare

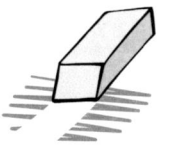

гума

radieră

блок за рисуване

bloc de desen

рисунка

desen

четка

pensulă

акварелни бои

cutie de acuarele

ножица

foarfece

лепило

lipici

тетрадка за упражнения

caiet de exerciții

домашна работа

temă

число

număr

събиране

a aduna

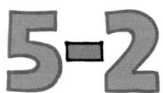

изваждане

a scădea

умножение

a multiplica

смятане

a calcula

буква

literă

азбука

alfabet

дума

cuvânt

текст

text

чета

a citi

тебешир

cretă

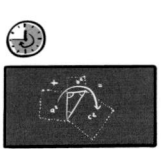

час

oră

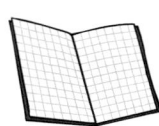

дневник на класа

catalog

изпит

examen

свидетелство

certificat

ученическа униформа

uniformă școlară

образование

educație

справочник

enciclopedie

университет

universitate

микроскоп

microscop

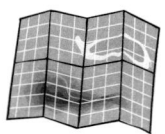

карта

hartă

кошче за хартиени отпадъци

coș de gunoi

# пътуване
# călătorie

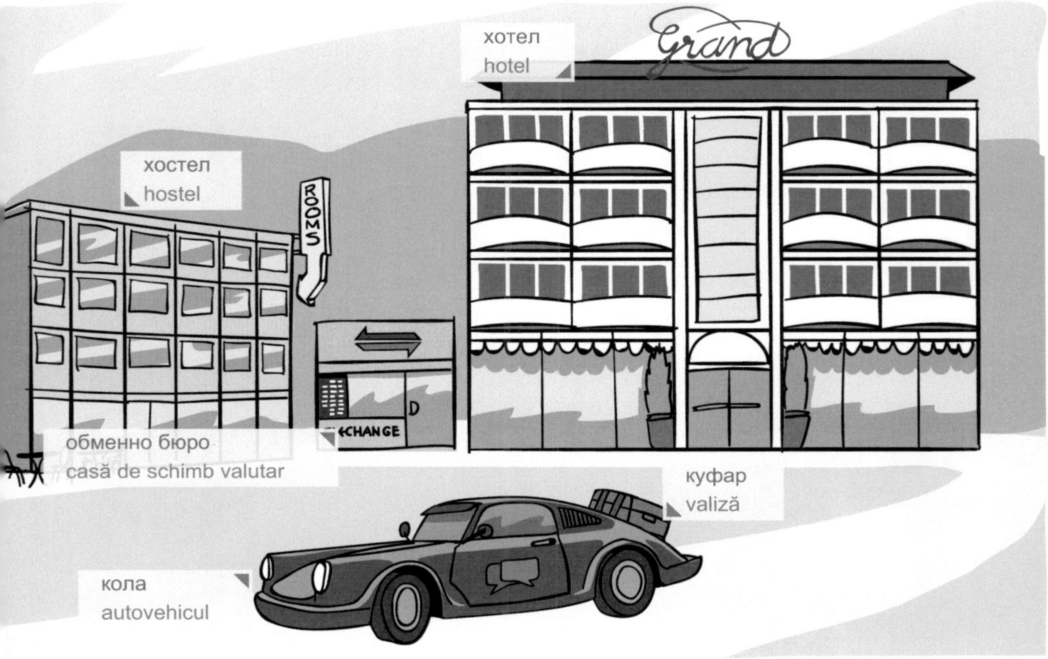
хотел
hotel
Grand
хостел
hostel
ROOMS
обменно бюро
casă de schimb valutar
куфар
valiză
кола
autovehicul

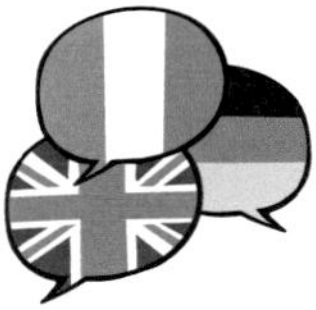

език

limbă

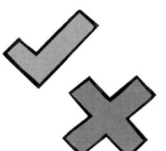

да / не

da/nu

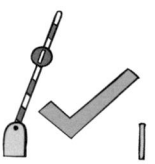

Океи

okay

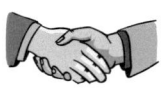

здравей

Bună!

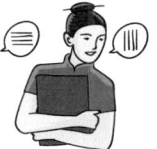

преводач

interpret

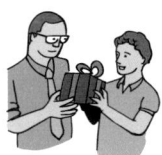

Благодаря

mulțumesc

Колко струва…?

Cât costă…?

Не разбирам

Nu înțeleg

проблем

problemă

Добър вечер!

Bună seara!

Добро утро!

Bună dimineața!

Лека нощ!

Noapte bună!

довиждане

la revedere

посока

direcție

багаж

bagaj

пътна чанта

geantă

раница

rucsac

посетител

oaspete

стая

cameră

спален чувал

sac de dormit

палатка

cort

туристическа информация

punct de informare turistică

плаж

plajă

кредитна карта

carte de credit

закуска

mic dejun

обед

masa de prânz

вечеря

cină

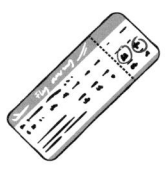

билет

bilet de călătorie

асансьор

lift

пощенска марка

timbru poștal

граница

graniță

митница

vamă

посолство

ambasadă

виза

viză

паспорт

pașaport

пътуване - călătorie

# транспорт

# transport

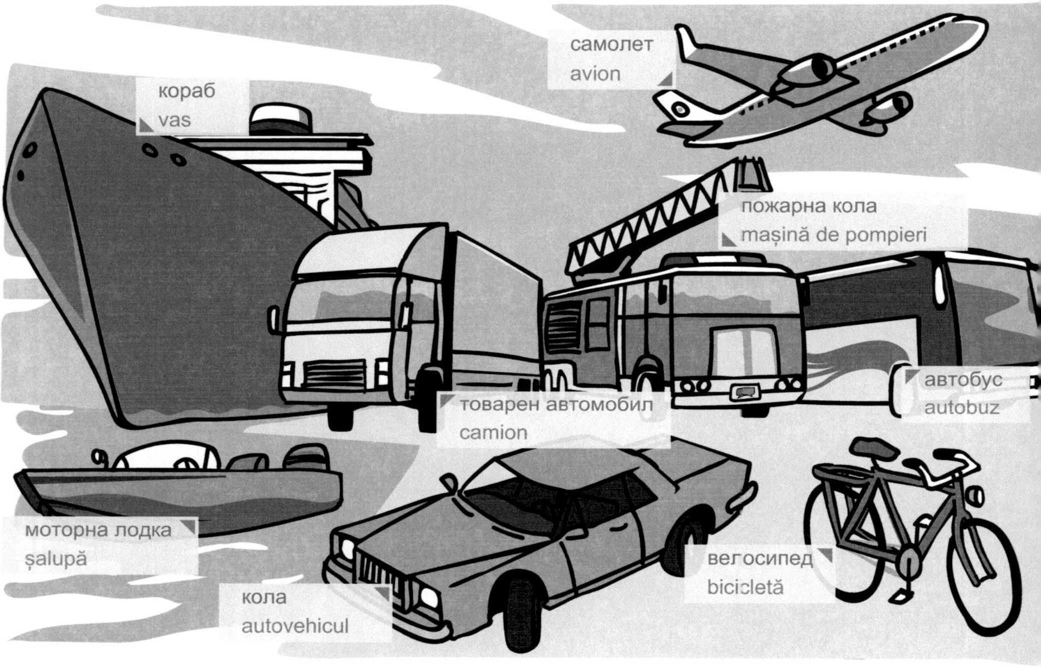
самолет
avion
кораб
vas
пожарна кола
mașină de pompieri
автобус
autobuz
товарен автомобил
camion
моторна лодка
șalupă
велосипед
bicicletă
кола
autovehicul

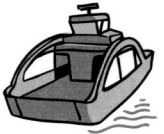

ферибот

feribot

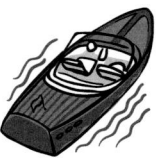

лодка

barcă

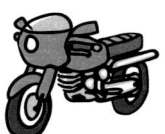

мотоциклет

motocicletă

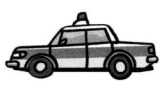

полицейска кола

mașină de poliție

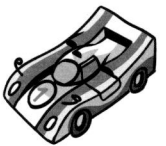

състезателна кола

mașină de curse

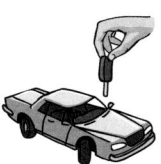

кола под наем

mașină închiriată

каршеринг

car sharing

автомобил от "Пътна помощ"

mașină de tractat

сметовоз

mașină de gunoi

двигател

motor

бензин

combustibil

бензиностанция

benzinărie

пътен знак

semn de circulație

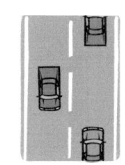

улично движение

trafic

задръстване

ambuteiaj

паркинг

parcare

гара

gară

релси

șine

влак

tren

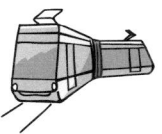

трамвай

tramvai

вагон

vagon

хеликоптер

elicopter

аерогара

aeroport

кула

turn

пасажер

pasager

контейнер

container

кашон

carton

ръчна количка

căruță

кошница

coș

лзлитам / приземявам се

a decola/a ateriza

## град

## oraș

село

sat

градски център

centru

къща

casă

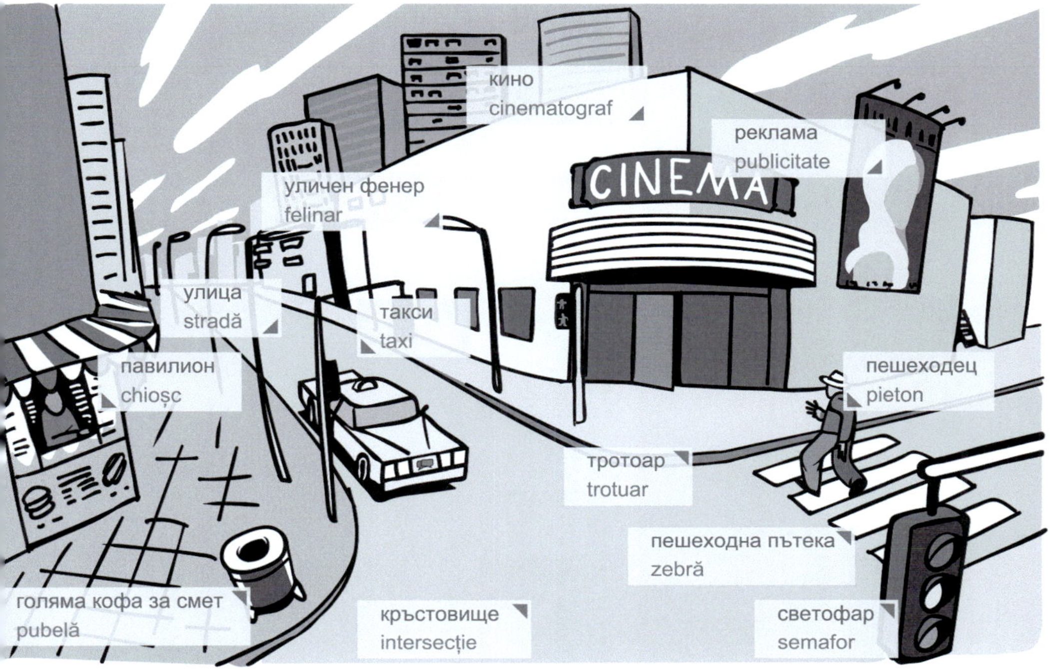

кино
cinematograf
реклама
publicitate
CINEMA
уличен фенер
felinar
улица
stradă
такси
taxi
павилион
chioșc
пешеходец
pieton
тротоар
trotuar
пешеходна пътека
zebră
голяма кофа за смет
pubelă
кръстовище
intersecție
светофар
semafor

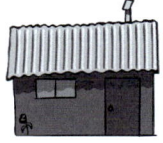

хижа

cabană

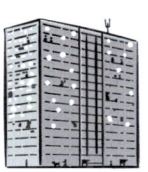

жилище

apartament

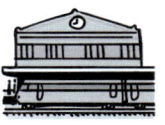

гара

gară

кметство

primărie

MUSEUM

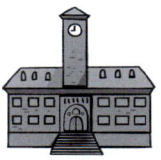

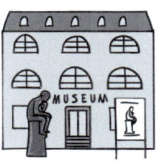

музей

muzeu

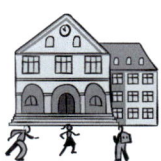

училище

școală

университет

universitate

банка

bancă

болница

spital

хотел

hotel

аптека

farmacie

офис

birou

книжарница

librărie

магазин за цветя

magazin

магазин за цветя

florărie

супермаркет

supermarket

пазар

piață

универсален магазин

magazin universal

търговец на риба

comerciant de pește

търговски център

centru comercial

пристанище

port

парк

parc

пейка

bancă

мост

pod

стълба

trepte

метро

metrou

тунел

tunel

автобусна спирка

stație de autobuz

бар

bar

ресторант

restaurant

пощенска кутия

cutie poștală

улична табелка

tăbliță indicatoare cu
numele străzii

часовник за паркинг
престой

parcometru

зоологическа градина

grădină zoologică

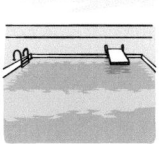

плувен басейн

piscină

джамия

moschee

селски двор

gospodărie țărănească

замърсяване на околната среда

poluare

гробище

cimitir

църква

biserică

детска площадка

loc de joacă

храм

templu

## пейзаж
## peisaj

листо
frunză

пътепоказател
indicator

път
drum

ливада
pajiște

камък
piatră

дърво
copac

пътешественик
drumeț

река
râu

трева
iarbă

цвете
floare

долина

vale

планина

deal

море

lac

гора

pădure

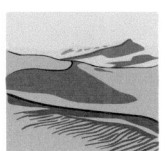

пустиня

deșert

вулкан

vulcan

замък

castel

дъга

curcubeu

гъба

ciupercă

палма

palmier

комар

țânțar

муха

muscă

мравка

furnică

пчела

albină

паяк

păianjen

бръмбар

gândac

жаба

broască

катеричка

veveriță

таралеж

arici

заек

iepure

кукумявка

bufniță

птица

pasăre

лебед

lebădă

диво прасе

porc mistreț

елен

cerb

лос

elan

бент

dig

вятърна турбина

turbină eoliană

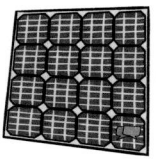

соларен модул

panou solar

климат

climă

# ресторант

# restaurant

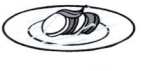

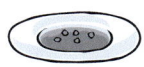

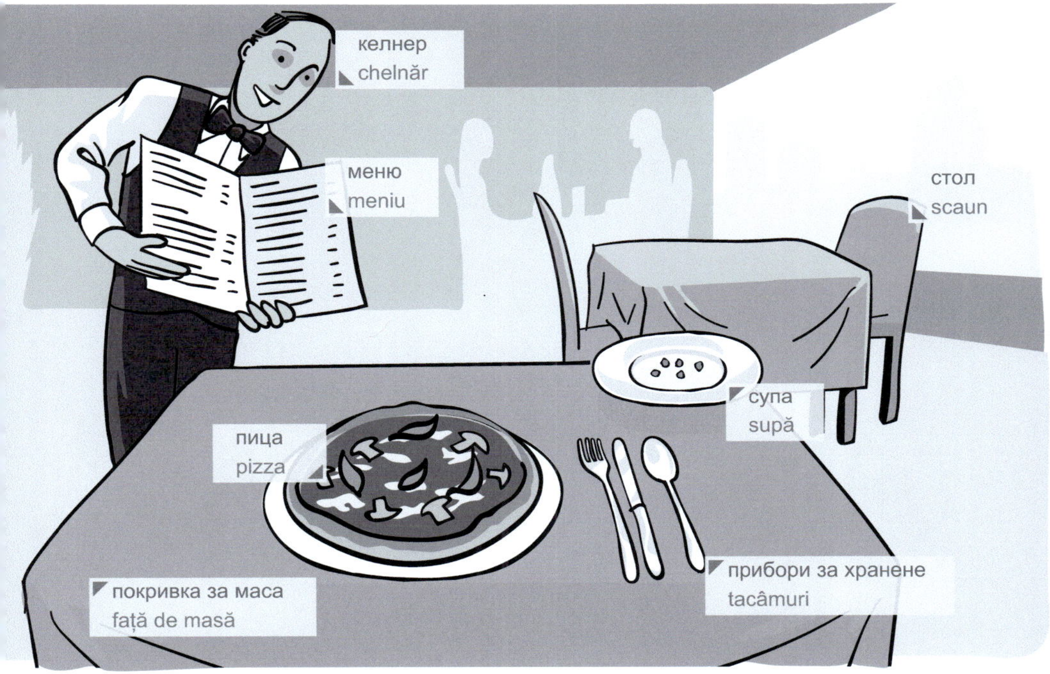

келнер
chelnăr
меню
meniu
стол
scaun
супа
supă
пица
pizza
прибори за хранене
tacâmuri
покривка за маса
față de masă


предястие

antreu

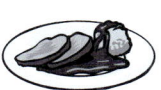

основно ястие

fel principal

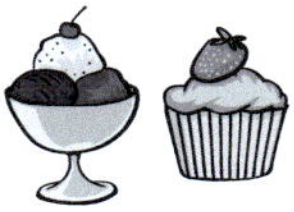

десерт

desert

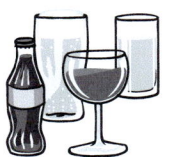

напитки

băuturi

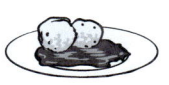

ядене

mâncare

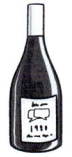

бутилка

sticlă

бързо хранене

fastfood

улична храна

streetfood

кана за чай

ceainic

кутия за захар

zaharniţă

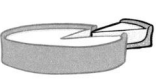

порция

porţie

еспресо машина

espressor

висок детски стол

scaun înalt (pentru copii)

сметка

factură

табла

tavă

ножица за нокти

cuţit

вилица

furculiţă

лъжица

lingură

чаена лъжичка

linguriţă

салфетка

şerveţel

стъклена чаша

pahar

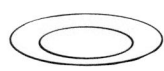

чиния

farfurie

чиния за супа

farfurie de supă

чинийка

farfurie

сос

sos

солница

solniță

мелничка за черен пипер

râșniță de piper

оцет

oțet

олио

ulei

подправки

condimente

кетчуп

ketchup

горчица

muștar

майонеза

maioneză

# супермаркет
# supermarket

оферта
ofertă
FOR
клиент
client
млечни продукти
produse lactate
плодове
fructe
количка за покупки
cărucior de cumpărături


BUTCHERS


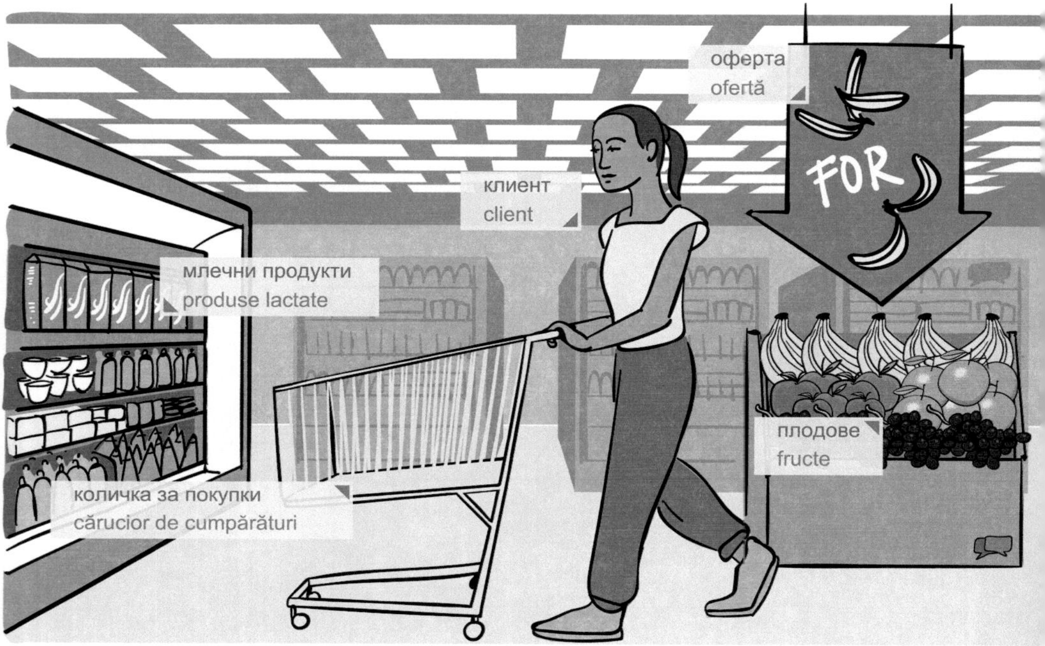

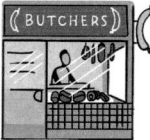

кланица

măcelărie

BAKERY


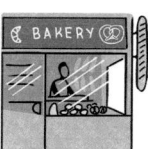

хлебарница

brutărie

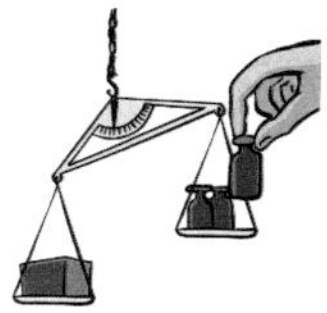

тегля

a cântări

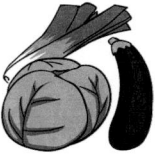

зеленчуци

legume

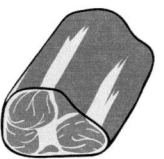

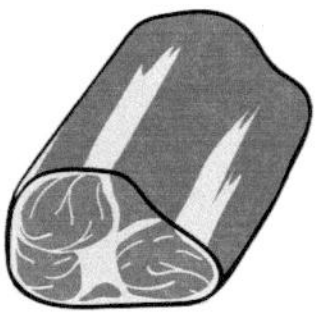

месо

carne

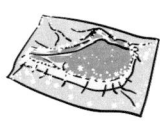

дълбоко замразена храна

alimente refrigerate

нарязан колбас или сирене
ezeluri și brânzeturi feliate

консерви
conserve

перилен препарат
detergent

лакомства
dulciuri

домакински изделия
articole de menaj

почистващи препарати
produse de curățenie

продавачка
vânzătoare

каса
casă

касиер
casier

списък на покупките
listă de cumpărături

работно време
orar

портфейл
portmoneu

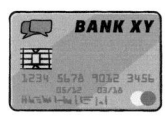

кредитна карта
carte de credit

чанта
geantă

пластмасова торба
pungă de plastic

вода

apă

сок

suc

мляко

lapte

кола

cola

вино

vin

бира

bere

алкохол

alcool

какао

cacao

чай

ceai

кафе машина

cafea

еспресо

espresso

капучино

cappucino

банан

banane

ябълка

măr

портокал

portocală

пъпеш

pepene

лимон

lămâie

морков

morcov

чесън

usturoi

бамбук

bambus

лук

ceapă

гъба

ciupercă

ядки

nuci

макарони

paste făinoase

спагети

spagheti

ориз

orez

салата

salată

пържени картофи

cartofi prăjiți

печени картофи

cartofi țărănești

пица

pizza

хамбургер

hamburger

сандвич

sandwich

шницел

șnițel

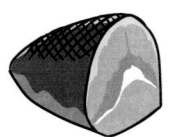

шунка

șuncă

траен колбас

salam

салам

cârnați

пиле

pui

печено

friptură

риба

pește

овесени ядки

fulgi de ovăz

мюсли

musli

корнфлейкс

cereale

брашно

făină

кроасан

corn

хлебчета

chifle

хляб

pâine

препечена филийка

pâine prăjită

бисквити

biscuiți

масло

unt

извара

brânză de vaci

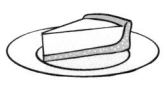

сладкиш

prăjitură

яйце

ou

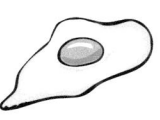

яйца на очи

ouă ochiuri

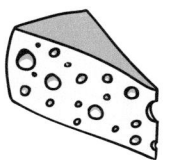

сирене

brânză

сладолед

îngheţată

захар

zahăr

мед

miere

мармалад

marmeladă

нуга крем

cremă nuga

кари

curry

# селски двор
# gospodărie țărănească

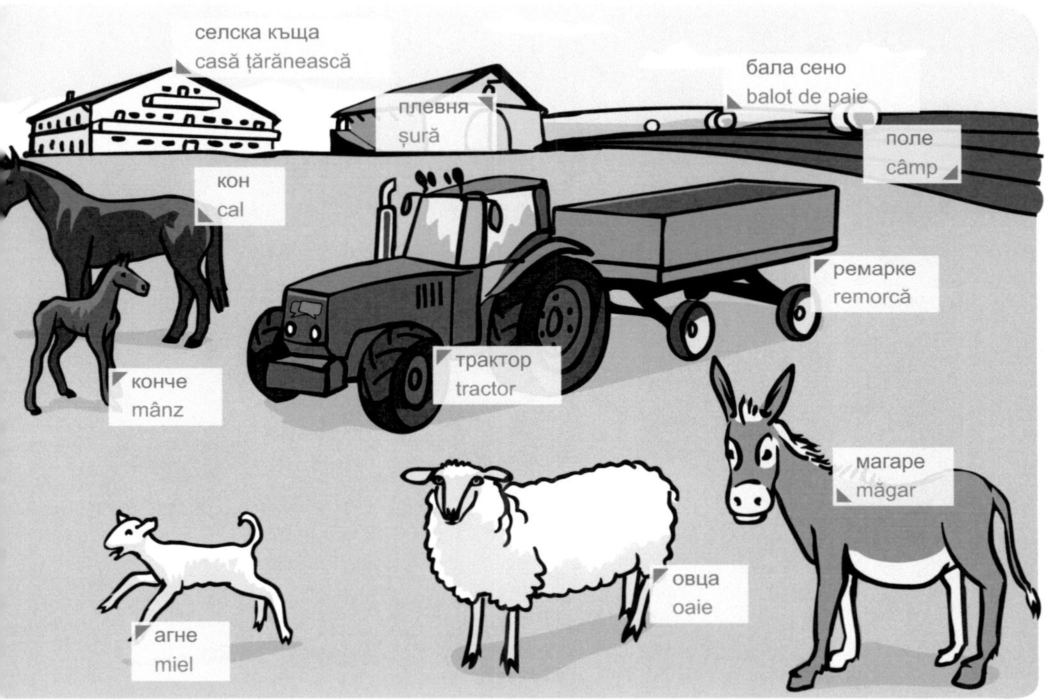
селска къща
casă țărănească
плевня
șură
бала сено
balot de paie
поле
câmp
кон
cal
ремарке
remorcă
кончe
mânz
трактор
tractor
магаре
măgar
овца
oaie
агне
miel

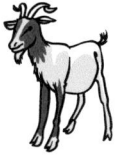

коза
capră

крава
vacă

теле
vițel

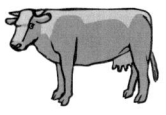

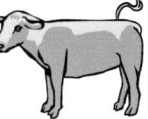

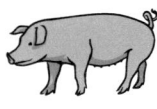

свиня
porc

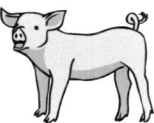

прасенце
purcel

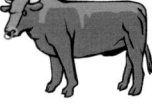

бик
taur

гъска

găină

патица

rață

пиленце

pui

кокошка

găină

петел

cocoș

плъх

șobolan

котка

pisică

мишка

șoarece

вол

bou

куче

câine

кучешка колиба

cușcă

градински маркуч

furtun de grădină

лейка

stropitoare

коса

coasă

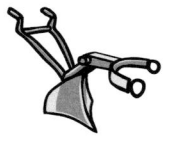

плуг

plug

сърп

seceră

мотика

sapă

вила за тор

furcă

брадва

secure

ръчна количка

roabă

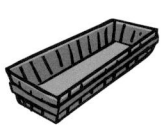

корито

troacă

съд за мляко

cană pentru lapte

чувал

sac

ограда

gard

обор

grajd

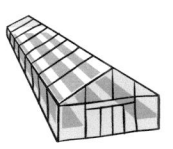

парник

seră

земя

sol

сеитба

sămânţă

тор

fertilizator

комбайн

combină de treierat

жъна

a culege

реколта

recoltă

ямс

cartof yam

жито

grâu

соя

soia

картоф

cartof

царевица

porumb

рапица

rapiță

овощно дърво

pom fructifer

маниока

manioc

зърнени храни

cereale

# къща

# casă

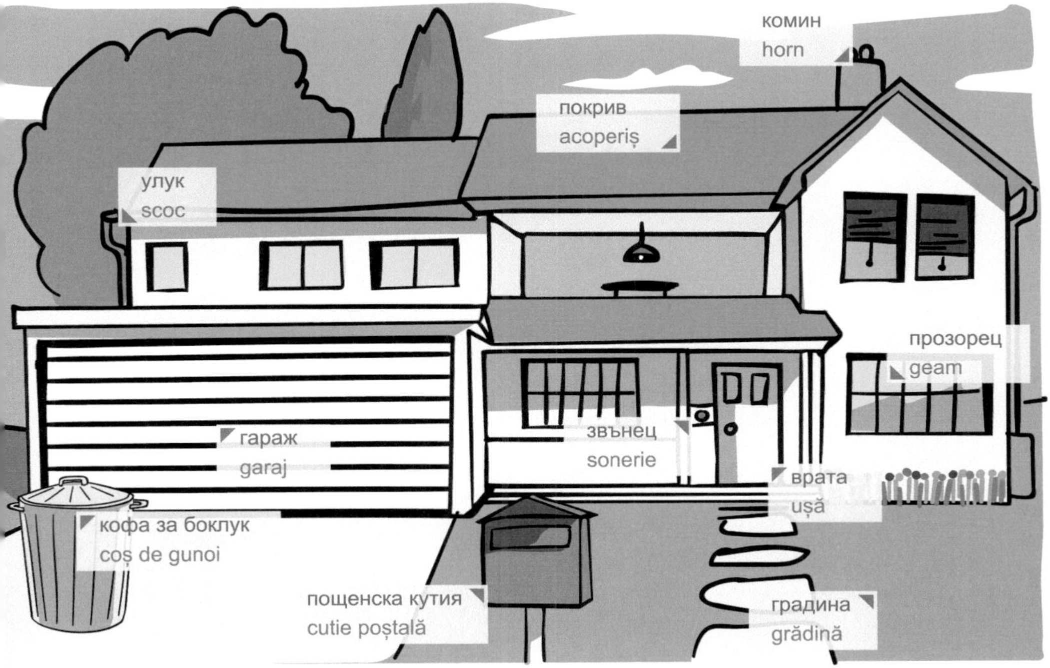

комин
horn
покрив
acoperiș
улук
scoc
прозорец
geam
гараж
garaj
звънец
sonerie
врата
ușă
кофа за боклук
coș de gunoi
пощенска кутия
cutie poștală
градина
grădină


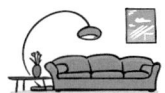

всекидневна

cameră de zi

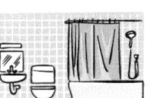

баня

baie

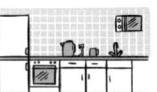

кухня

bucătărie

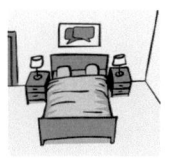

спалня

dormitor

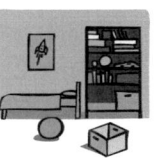

детска стая

camera copiilor

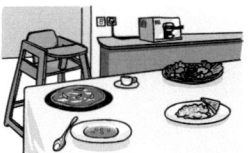

трапезария

sufragerie

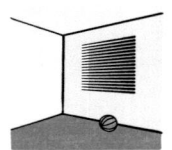

под
podea

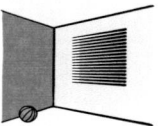

стена
perete

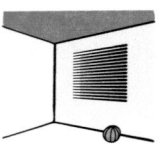

таван
tavan

изба
pivniță

сауна
saună

балкон
balcon

тераса
terasă

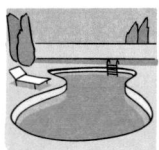

плувен басейн
piscină

косачка
mașină de tuns iarba

спално бельо
cearşaf

покривка за легло
cuvertură

легло
pat

метла
mătură

кофа
găleată

електрически ключ
întrerupător

# всекидневна
# cameră de zi

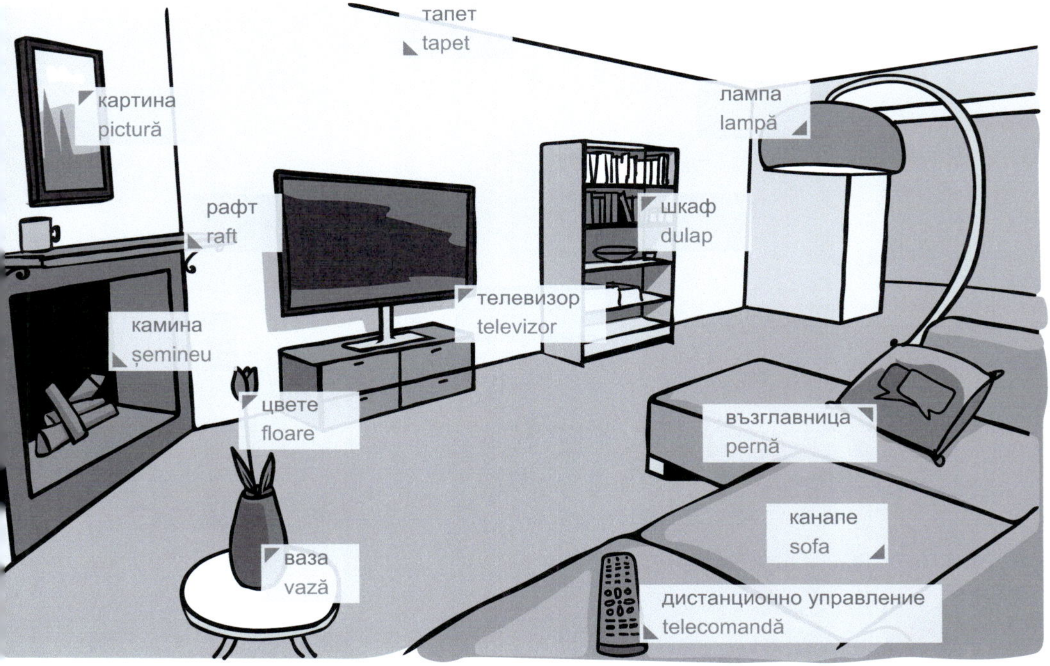

тапет
tapet
картина
pictură
лампа
lampă
рафт
raft
шкаф
dulap
телевизор
televizor
камина
șemineu
цвете
floare
възглавница
pernă
канапе
sofa
ваза
vază
дистанционно управление
telecomandă


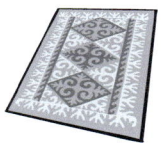

килим

covor

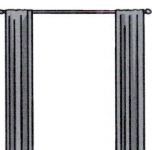

завеса

perdea

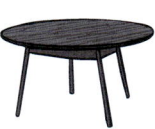

маса

masă

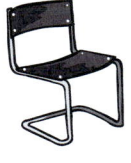

стол

scaun

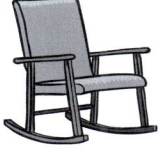

люлеещ се стол

balansoar

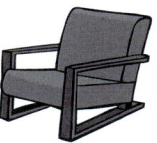

кресло

fotoliu

книга

carte

одеяло

pătură

декорация

decoraţiune

дърва за отопление

lemn de foc

филм

film

стерео уредба

instalaţie stereo

ключ

cheie

вестник

ziar

живопис

desen

постер

poster

радио

radio

бележник

caiet de notiţe

прахосмукачка

aspirator

кактус

cactus

свещ

lumânare

# кухня
# bucătărie

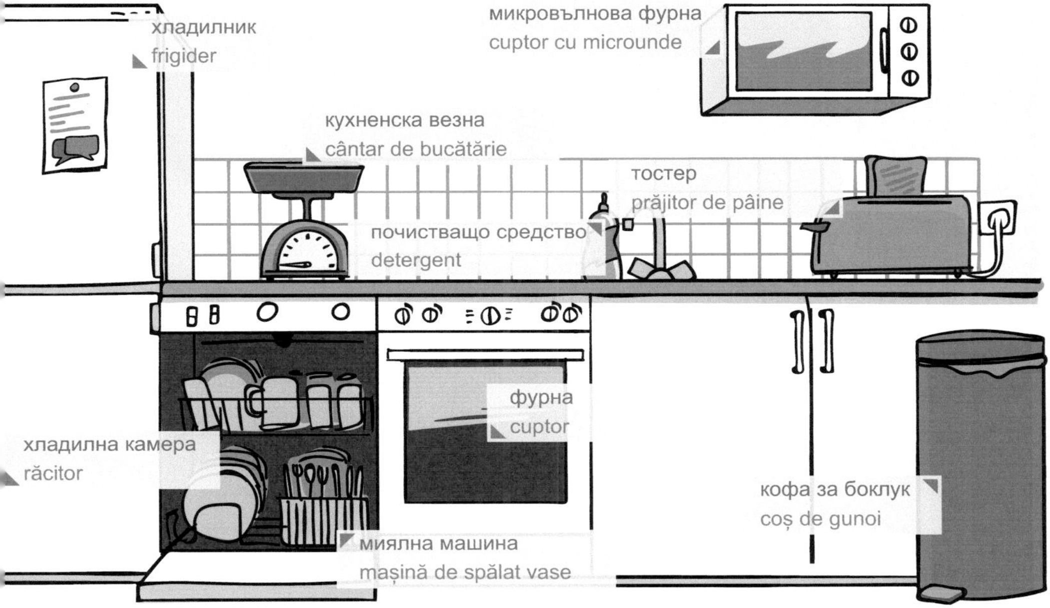
хладилник
frigider
микровълнова фурна
cuptor cu microunde
кухненска везна
cântar de bucătărie
тостер
prăjitor de pâine
почистващо средство
detergent
фурна
cuptor
хладилна камера
răcitor
кофа за боклук
coș de gunoi
миялна машина
mașină de spălat vase

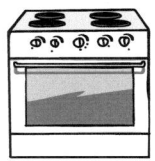

готварска печка
cuptor

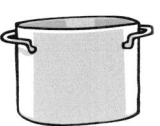

тенджера
oală

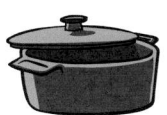

желязна тенджера
oală de metal

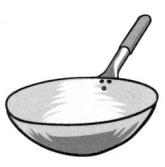

уок / кадаи
wok/kadai

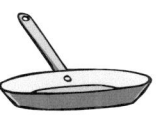

тиган
tigaie

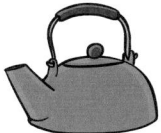

кана за затопляне на вода
ceainic

уред за готвене на пара

oală de gătit cu aburi

тава за печене

tavă de copt

съдове

veselă

чаша

pahar

купа

bol

клечки за хранене

bețișoare

черпак

polonic

лопатка за тиган

spatulă

тел за разбиване (на яйца, белтъци)

tel

кошница за варене

sită

гевгир

sită

ренде

răzătoare

хаван

mojar

барбекю

grătar

огнище

loc pentru grătar

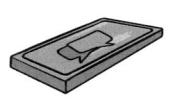

дъска

tocător

точилка

sucitor

тирбушон

tirbușon

кутия

conservă

отварачка за консерви

deschizător de conserve

кухненска ръкохватка

șervete termice

мивка

chiuvetă

четка

perie

гъба

burete

миксер

mixer

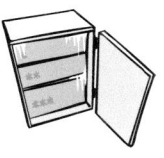

фризер

ladă frigorifică

бебешко шише

biberon

воден кран

robinet

отопление
încălzire

хавлиена кърпа
prosop

душ
duş

завеса за баня
perdea de duş

шампоан за вана
baie cu spumă

вана
cadă

стъклена чаша
pahar

перална машина
mașină de spălat

воден кран
robinet

плочки
gresie

гърне
oală de noapte

мивка
chiuvetă

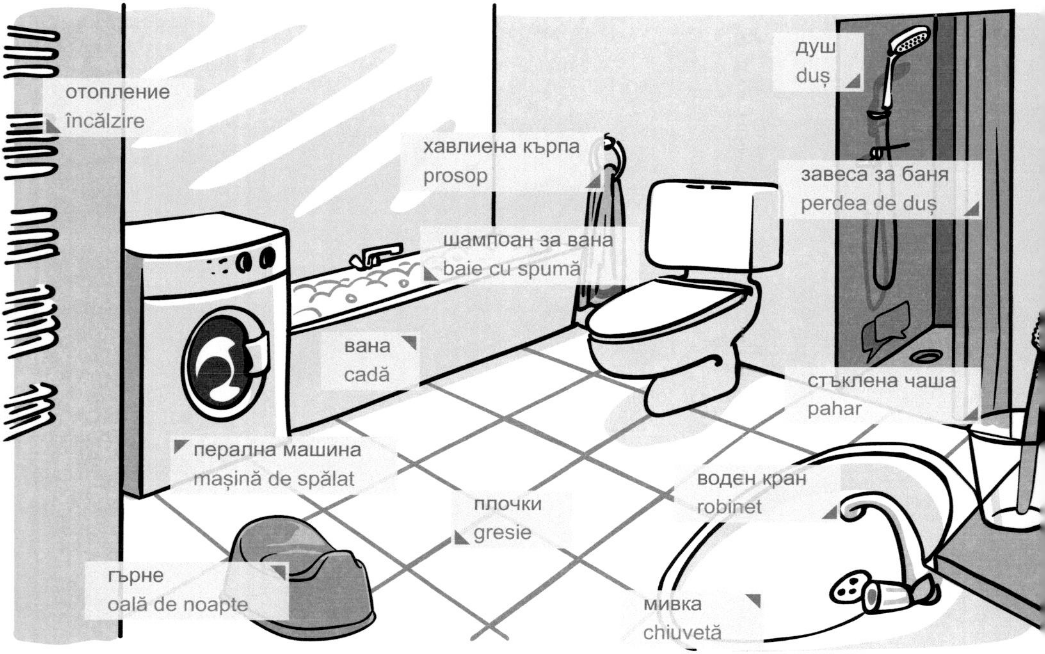

тоалетна
toaletă

клекало
toaletă turcească

биде
bideu

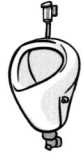

писоар
pisoir

тоалетна хартия
hârtie igienică

четка за тоалетна
perie de toaletă

четка за зъби

periuță de dinți

паста за зъби

pastă de dinți

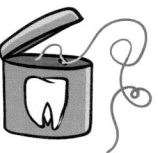

конец за зъби

ață dentară

мия

a spăla

ръчен душ

cap de duș

интимен душ

duș intim

леген

lavoar

четка за гръб

perie pentru spate

сапун

săpun

душ гел

gel de duș

шампоан за вана

șampon

гъба за баня

cârpă de spălat

сифон

scurgere

крем

cremă

дезодорант

deodorant

огледало

oglindă

козметично огледало

oglindă cosmetică

ръчна самобръсначка

aparat de ras

пяна за бръснене

spumă de ras

одеколон за след бръснене

aftershave

гребен

pieptene

четка

perie

сешоар

uscător de păr

спрей за коса

fixator

грим

machiaj

червило

ruj

лак за нокти

lac de unghii

памук

vată

ножица за нокти

foarfece de unghii

парфюм

parfum

тоалетна чантичка

neseser

табуретка

taburet

везна

cântar

хавлия

halat de baie

домакински ръкавици

mănuși de cauciuc

тампон

tampon

дамски превръзки

tampon

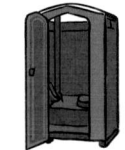

химическа тоалетна

toaletă chimică

# детска стая

# camera copiilor

будилник
ceas deșteptător
плюшена играчка
jucărie de pluș
автомобил играчка
mașină de jucărie
дрънкалка
morișcă
къща за кукли
casă de păpuși
подарък
cadou

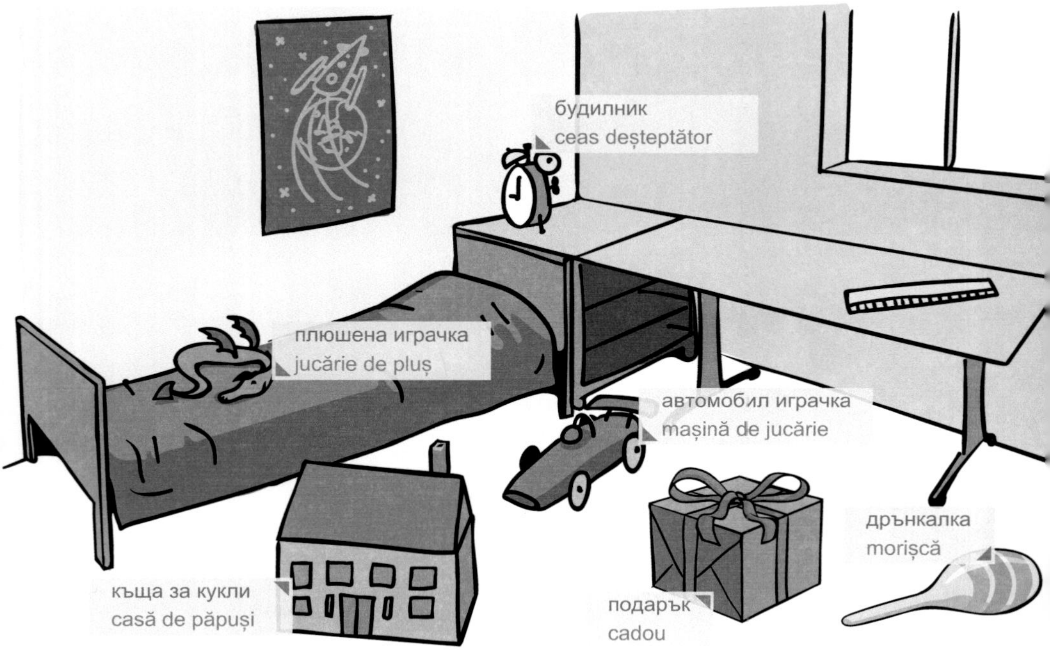

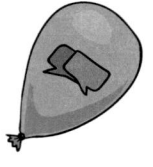

балон

balon

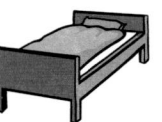

легло

pat

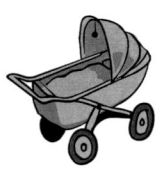

детска количка

cărucior de copii

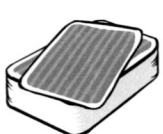

игра на карти

joc de cărți

пъзел

puzzle

SUPER MEGA

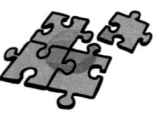

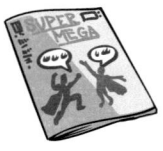

комикс

revistă de benzi desenate

лего елементи

cuburi lego

строителни елементи

piese pentru construcții

екшън фигурка

personaj din filmele de acţiune

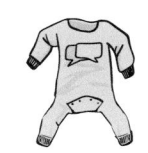

бебешки гащеризон

body

фрисби

frisbee

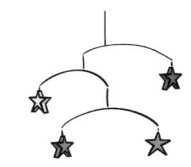

бебешки играчки за легло

mobil

настолна игра

joc de societate

зарче

zar

миниатюрно влакче

set trenuleţ de jucărie

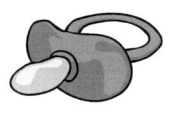

биберон

suzetă

парти

petrecere

детска книга с илюстрации

carte cu poze

топка

minge

кукла

păpușă

играя

a se juca

пясъчник

groapă de nisip

люлка

leagăn

играчка

jucării

игрова конзола

consolă video

велосипед с три колелета

tricicl: tă

плюшено мече

ursuleț

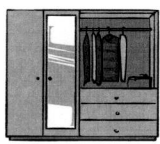

гардероб

dulap

къси чорапи

șosete

дълги чорапи

ciorapi

чорапогащник

dres

шал
șal

чадър
umbrelă

T-шърт
tricou

колан
curea

ботуши
cizme

пантофи
papuci

гуменки
pantofi sport

сандали
sandale

обувки
încălțăminte

гумени ботуши
cizme de cauciuc

слип
chilot

сутиен
sutien

долна блуза
maiou

облекло - îmbrăcăminte

боди

body

панталон

pantaloni

дънки

blugi

пола

fustă

блуза

bluză

риза

cămașă

пуловер

pulover

суичър

jerseu

блейзър

sacou

яке

jachetă

палто

palton

дъждобран

pelerină de ploaie

костюм

costum

рокля

rochie

булчинска рокля

rochie de mireasă

костюм

costum

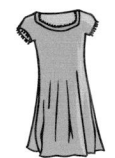

нощница

cămașă de noapte

пижама

pijama

сари

sari

кърпа за глава

batic

тюрбан

turban

бурка

burka

кафтан

caftan

абая

abaya

бански костюм

costum de baie

плувни шорти

șort

къс панталон

pantaloni scurți

анцуг

trening

престилка

șorț

ръкавици

mănuși

копче

nasture

очила

ochelari

гривна

brățară

верижка

lanț

пръстен

inel

обеца

cercel

каскет

căciulă

закачалка

umeraș

шапка

pălărie

вратовръзка

cravată

цип

fermoar

каска

cască

тиранти

bretele

ученическа униформа

uniformă școlară

униформа

uniformă

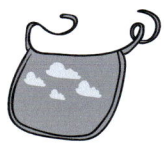

лигавник

baveţică

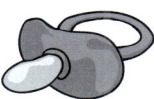

биберон

suzetă

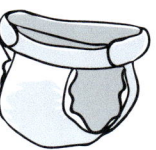

пелена

scutec

# офис

# birou

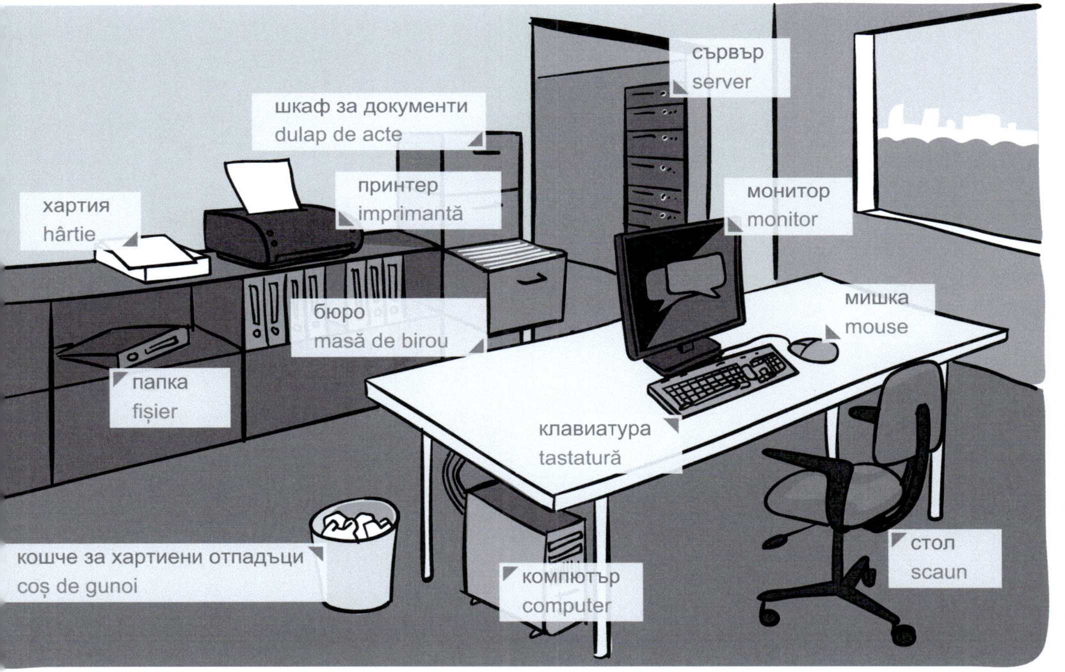

сървър
server
шкаф за документи
dulap de acte
принтер
imprimantă
хартия
hârtie
монитор
monitor
мишка
mouse
бюро
masă de birou
папка
fişier
клавиатура
tastatură
кошче за хартиени отпадъци
coş de gunoi
компютър
computer
стол
scaun


чаша за кафе

ceaşcă de cafea

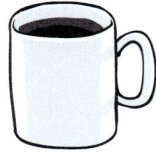

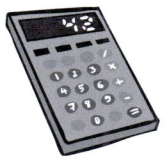

джобен калкулатор

calculator

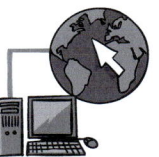

интернет

internet

лаптоп

laptop

писмо

scrisoare

съобщение

mesaj

мобилен телефон

telefon mobil

мрежа

rețea

ксерокс

copiator

софтуер

software

телефон

telefon

контакт

priză

факс

fax

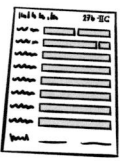

формуляр

formular

документ

document

купувам

a cumpăra

плащам

a plăti

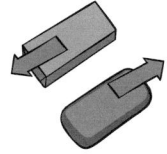

търгувам

a face comerţ

пари

bani

долар

Dolar

евро

Euro

йена

Yen

рубла

Rublă

швейцарски франк

Franc Elveţian

ренминби юан

renminbi yuan

рупия

Rupie

банкомат

bancomat

обменно бюро

casă de schimb valutar

злато

aur

сребро

argint

нефт

petrol

енергия

energie

цена

preț

договор

contract

данък

impozit

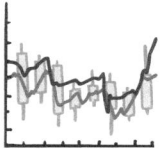

акция

acțiune

работя

a munci

служител

angajat

работодател

angajator

фабрика

fabrică

магазин за цветя

magazin

# професии
# ocupații

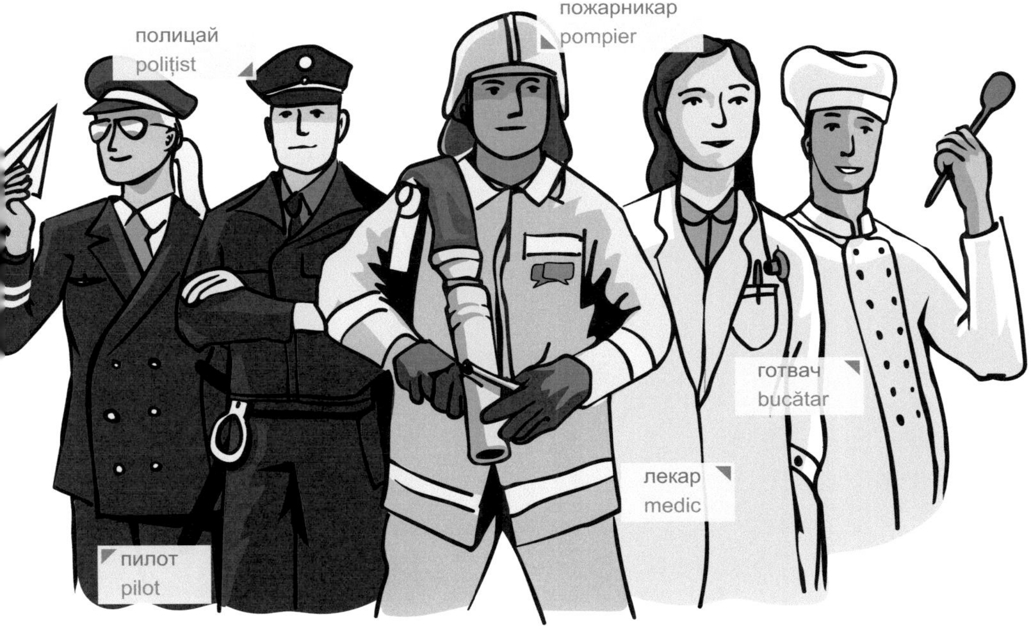
полицай
polițist
пожарникар
pompier
готвач
bucătar
лекар
medic
пилот
pilot

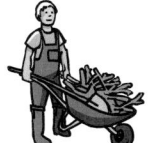

градинар

grădinar

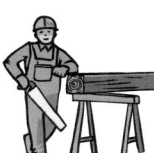

мебелист

tâmplar

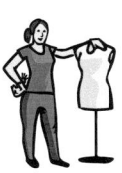

шивачка

cusătoreasă

съдия

judecător

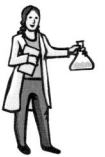

химик

chimist

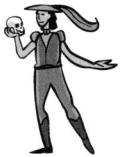

артист

actor

**шофьор на автобус**

șofer de autobuz

**шофьор на такси**

șofer de taxi

**рибар**

pescar

**чистачка**

femeie de serviciu

**майстор на покриви**

tinichigiu

**келнер**

chelnăr

**ловец**

vânător

**художник**

pictor

**хлебар**

brutar

**електротехник**

electrician

**строителен работник**

muncitor în construcții

**инженер**

inginer

**касапин**

măcelar

**тенекеджия**

instalator

**пощальон**

poștaș

войник

soldat

архитект

arhitect

касиер

casier

цветар

florar

фризьор

frizer

кондуктор

controlor

механик

mecanic

капитан

căpitan

зъболекар

stomatolog

научен работник

om de știință

равин

rabin

имàм

imam

монах

călugăr

свещеник

preot

# инструменти
# instrumente

чук
ciocan
клещи
clește
отвертка
șurubelniță
гаечен ключ
cheie
джобна лампа
lanternă

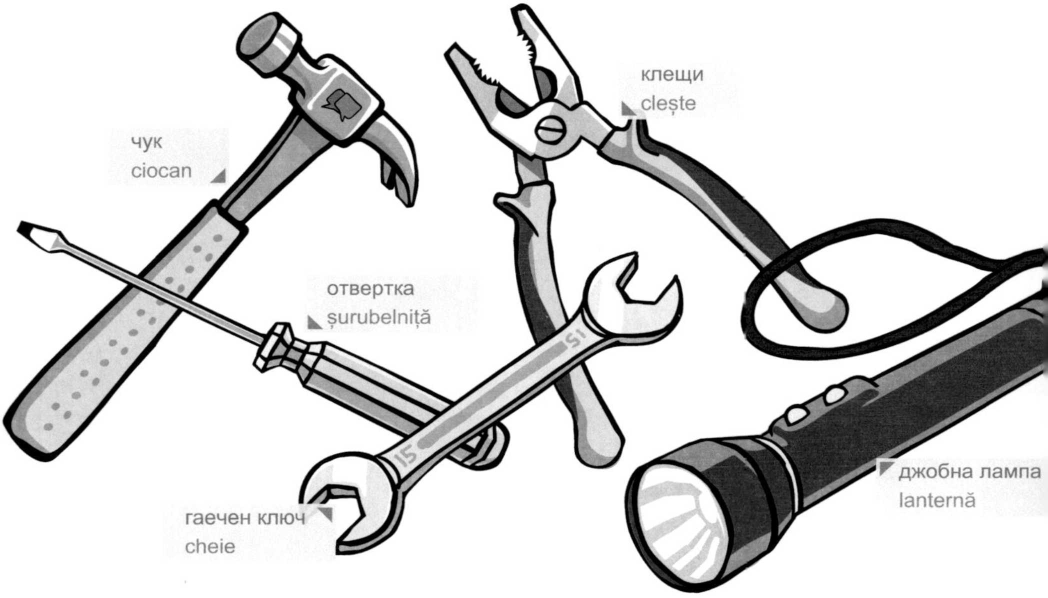

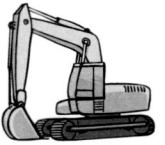

багер

excavator

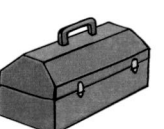

кутия за инструменти

cutie de scule

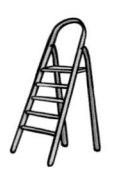

стълба

scară

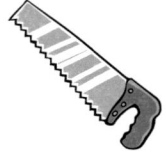

трион

ferăstrău

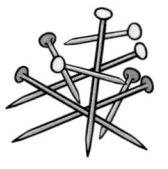

пирони

cuie

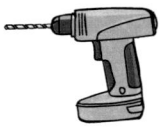

бормашина

burghiu

ремонтирам

a repara

лопата

lopată

По дяволите!

La naiba!

лопатка за смет

făraş

кутия за боя

vas pentru vopsea

болтове

şuruburi

# музикални инструменти

## instrumente muzicale

ударни инструменти
set tobe

високоговорител
difuzor

китара
chitară

контрабас
contrabas

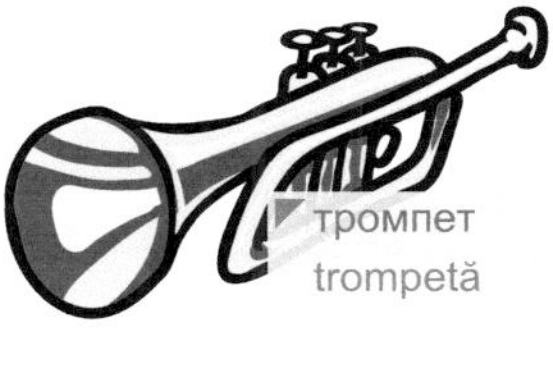

тромпет
trompetă

пиано

pian

виолина

vioară

контрабас

bas

тимпан

trombon

барабан

tobă

електрическо пиано

keyboard

саксофон

saxofon

флейта

fluier

микрофон

microfon

# зоологическа градина
# grădină zoologică

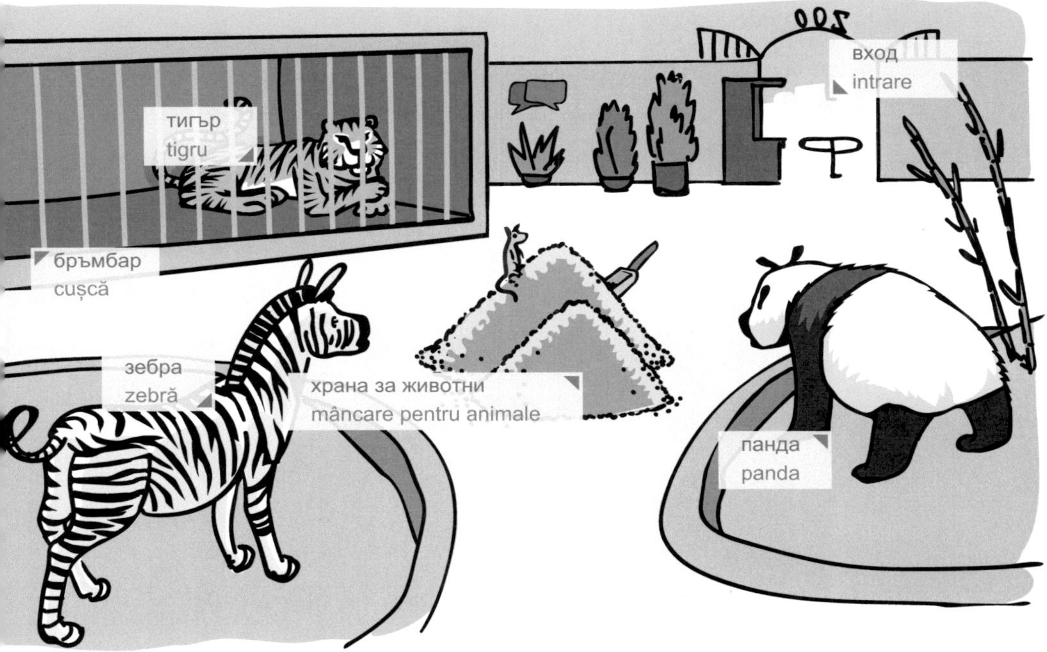

zoo
вход
intrare
тигър
tigru
бръмбар
cușcă
зебра
zebră
храна за животни
mâncare pentru animale
панда
panda


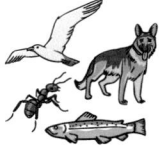

животни

animale

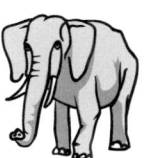

слон

elefant

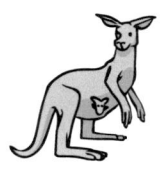

кенгуру

cangur

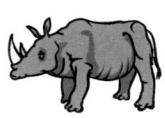

носорог

rinocer

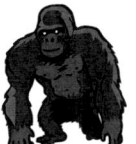

горила

gorilă

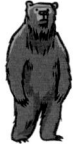

мечка

urs

камила

cămilă

щраус

struț

лъв

leu

маймуна

maimuță

фламинго

flamingo

папагал

papagal

бяла мечка

urs polar

пингвин

pinguin

акула

rechin

паун

păun

змия

șarpe

крокодил

crocodil

пазач в зоологическа
градина

îngrijitor grădina zoologică

тюлен

focă

ягуар

jaguar

пони

ponei

леопард

leopard

хипопотам

hipopotam

жираф

girafă

орел

acvilă

диво прасе

porc mistreț

риба

pește

костенурка

broască țestoasă

морж

morsă

лисица

vulpe

газела

gazelă

американски футбол
fotbal american

колоездене
ciclism

тенис
tenis

баскетбол
basketball

плуване
înot

бокс
box

хокей на лед
hockey pe gheață

футбол
fotbal

бадминтон
badminton

лека атлетика
atletism

хандбал
handbal

ски бягане
schi

поло
polo

# дейности

# activități

скачам
a sări
прегръщам
a îmbrățișa
смея се
a râde
вървя
a merge
пея
a cânta
сънувам
a visa
моля се
a se ruga
целувам
a săruta


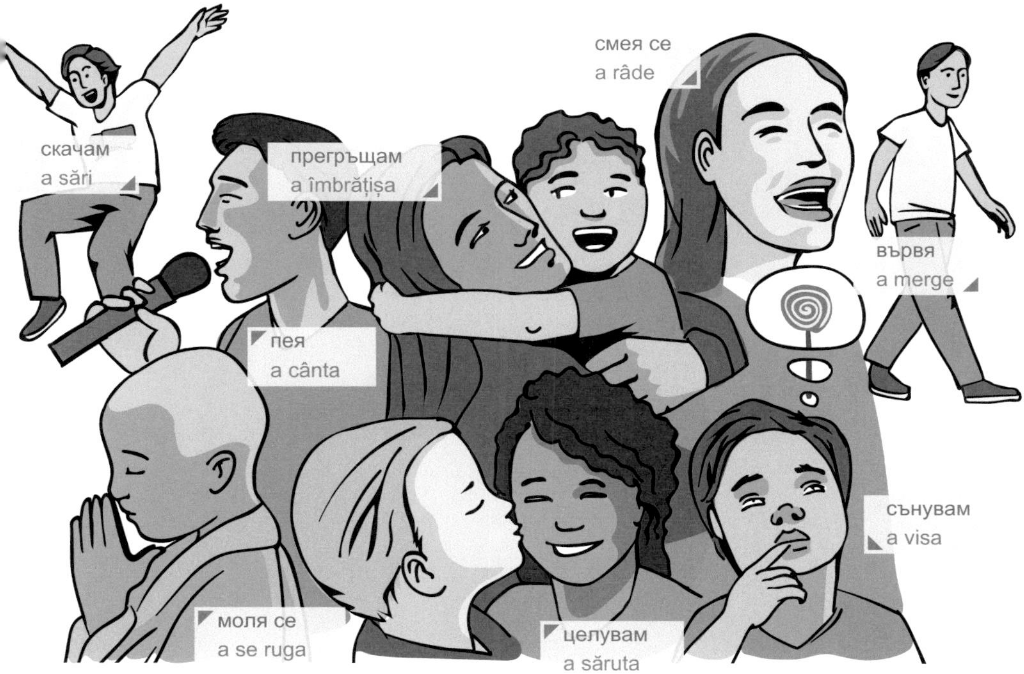

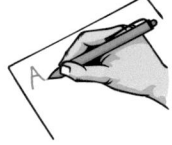

пиша

a scrie

рисувам

a desena

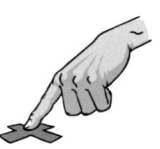

показвам

a arăta

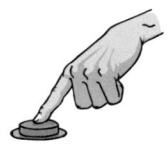

бутам

a împinge

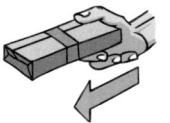

давам

a da

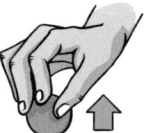

взимам

a lua

**имам**

a avea

**правя**

a face

**съм**

a fi

**стоя**

a sta în picioare

**тичам**

a fugi

**дърпам**

a trage

**хвърлям**

a arunca

**падам**

a cădea

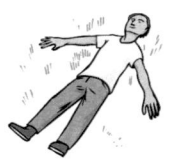

**лежа**

a sta întins

**чакам**

a aștepta

**нося**

a purta

**седя**

a ședea

**обличам**

a se îmbrăca

**спя**

a dormi

**събуждам се**

a se trezi

разглеждам

a privi

плача

a plânge

милвам

a mângâia

реша се

a se pieptăna

говоря

a vorbi

разбирам

a înțelege

питам

a întreba

слушам

a asculta

пия

a bea

ям

a mânca

разтребвам

a face ordine

обичам

a iubi

готвя

a găti

карам автомобил

a conduce

летя

a zbura

плавам (с платна)

a naviga

смятане

a calcula

чета

a citi

уча

a învăța

работя

a munci

женя се

a se căsători

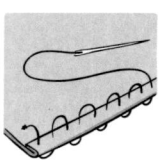

шия

a coase

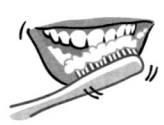

измивам си зъбите

a se spăla pe dinți

убивам

a ucide

пуша

a fuma

изпращам

a trimite

# семейство

# familie

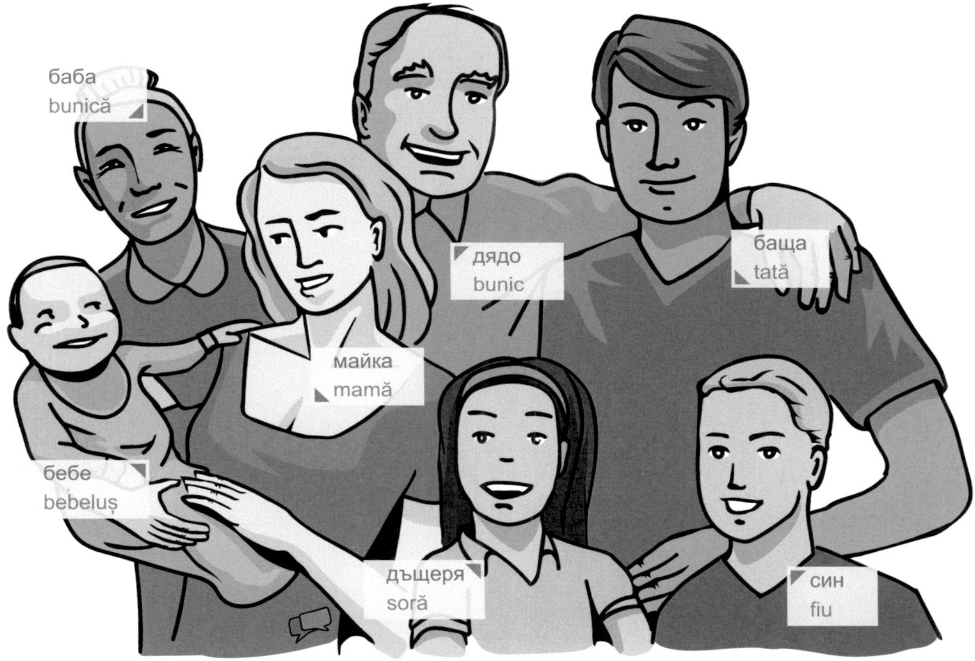

баба
bunică
дядо
bunic
баща
tată
майка
mamă
бебе
bebeluș
дъщеря
soră
син
fiu


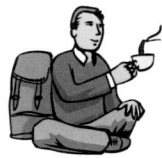

посетител

oaspete

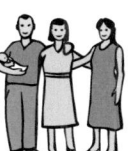

леля

mătușă

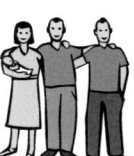

чичо

unchi

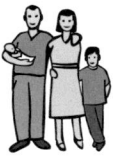

брат

frate

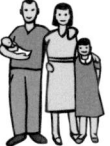

сестра

soră

# тяло

## corp

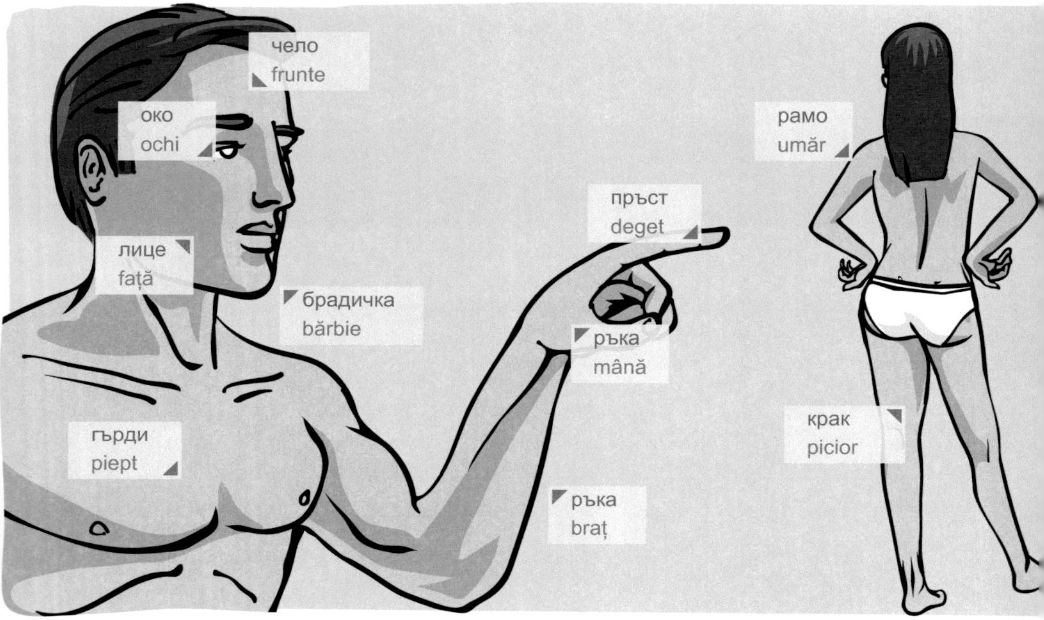

чело
frunte
око
ochi
рамо
umăr
пръст
deget
лице
față
брадичка
bărbie
ръка
mână
гърди
piept
крак
picior
ръка
braț


бебе
bebeluș

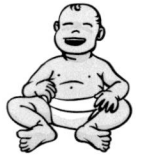

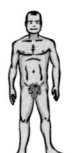

мъж
bărbat

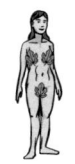

жена
femeie

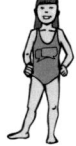

момиче
fată

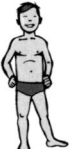

момче
băiat

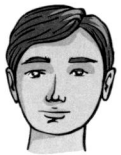

глава
cap

гръб

spate

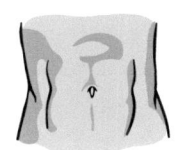

корем

abdomen

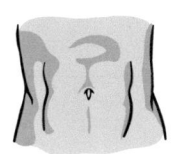

пъп

ombilic

пръст на крака

deget de la picior

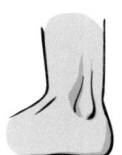

пета

călcâi

кост

os

хълбок

șold

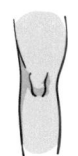

коляно

genunchi

лакът

cot

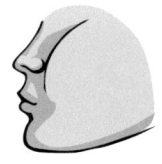

нос

nas

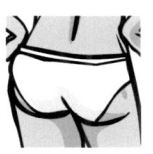

седалище

fund

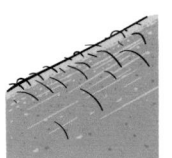

кожа

piele

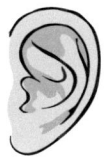

буза

obraz

ухо

ureche

устна

buză

уста

gură

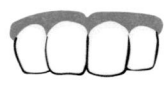

зъб

dinte

език

limbă

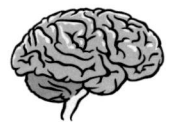

мозък

creier

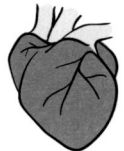

сърце

inimă

мускул

mușchi

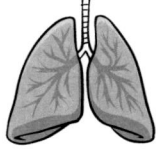

бял дроб

plămân

черен дроб

ficat

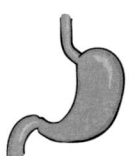

стомах

stomac

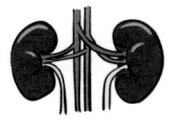

бъбреци

rinichi

полово сношение

sex

кондом

prezervativ

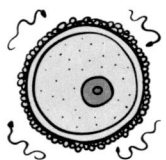

яйцеклетка

ovul

сперма

spermă

бременност

sarcină

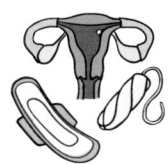

менструация

menstruație

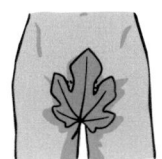

вагина

vagin

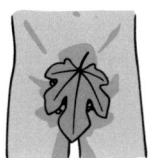

пенис

penis

вежда

sprânceană

коса

păr

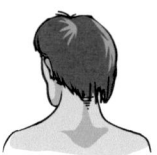

шия

gât

# болница

## spital

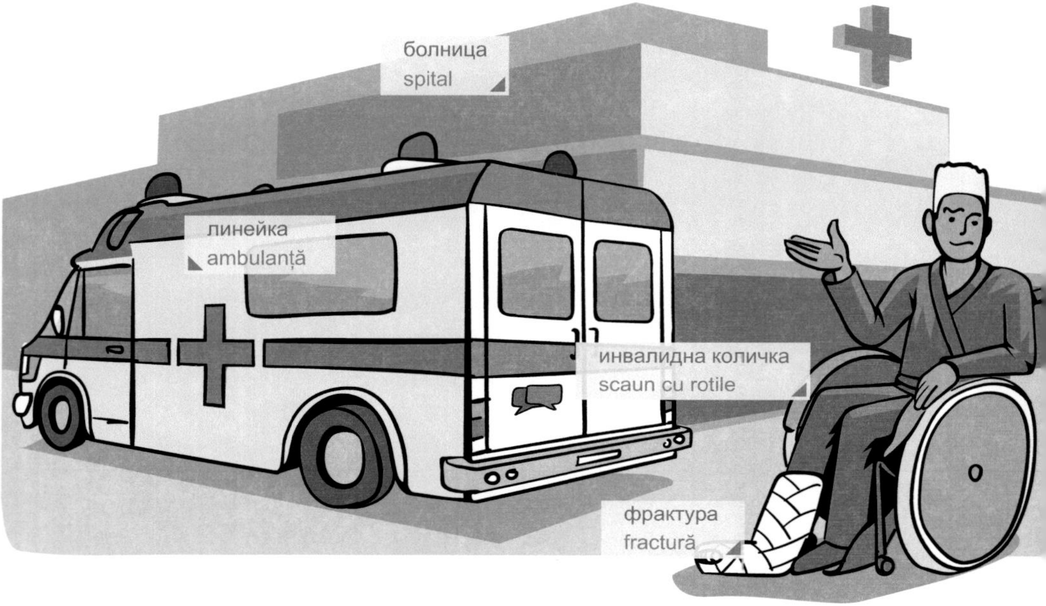

болница
spital
линейка
ambulanță
инвалидна количка
scaun cu rotile
фрактура
fractură

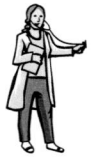

лекар

medic

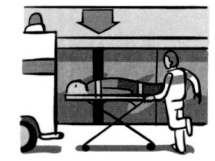

спешна хоспитализация

unitate de primiri urgențe

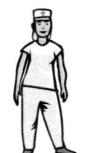

медицинска сестра

soră medicală

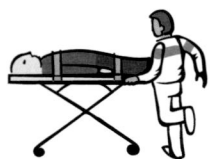

спешен случай

urgență

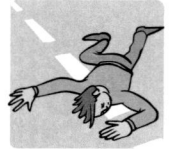

в безсъзнание

inconștient

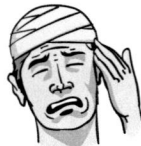

болка

durere

нараняване

leziune

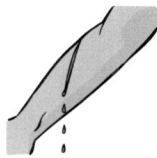

кървене

sângerare

инфаркт

infarct miocardic

инсулт

atac cerebral

алергия

alergie

кашлица

tuse

температура

febră

грип

gripă

диария

diaree

главоболие

durere de cap

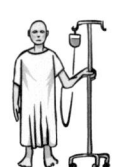

рак

cancer

диабет

diabet

хирург

chirurg

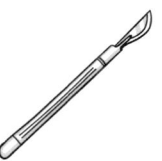

скалпел

scalpel

операция

operație

компютърна томография

CT

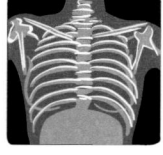

рентген

raze Röntgen

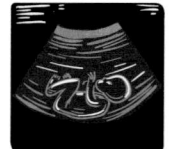

ултразвук

ultrasunet

маска

mască

болест

boală

чакалня

sală de așteptare

патерица

cârjă

пластир

plasture

превръзка

bandaj

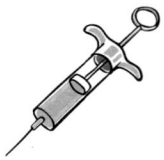

инжекция

injecție

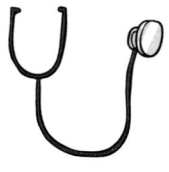

стетоскоп

stetoscop

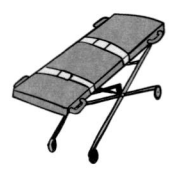

носилка

targă

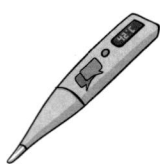

термометър

termometru

раждане

naștere

наднормено тегло

supraponderabilitate

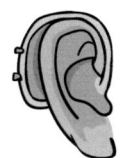

слухов апарат

aparat auditiv

дезинфекционно средство

dezinfectant

инфекция

infecție

вирус

virus

HIV / AIDS

HIV/SIDA

медицина

medicină

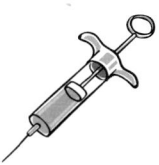

ваксинация

vaccin

таблети

tablete

противозачатъчна
таблетка
pastilă

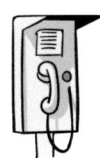

спешно телефонно
обаждане
apel de urgență

апарат за измерване на
кръвното налягане

aparat de măsurare a
presiunii arteriale

болен / здрав

bolnav/sănătos

Помощ!

Ajutor!

сигнал за тревога

alarmă

нападение

agresiune

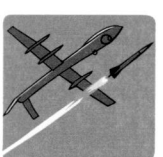

атака

atac

опасност

pericol

авариен изход

ieşire de urgenţă

Пожар!

Foc!

пожарогасител

extinctor

злополука

accident

комплект за оказване на
първа помощ

trusă de prim-ajutor

SOS

SOS

полиция

poliţie

Европа

Europa

Северна Америка

America de Nord

Южна Америка

America de Sud

Африка

Africa

Азия

Asia

Австралия

Australia

Атлантически океан

Altantic

Тихи океан

Pacific

Индийски океан

Oceanul Indian

Южен ледовит океан

Oceanul Antarctic

Северен ледовит океан

Oceanul Arctic

Северен полюс

Polul Nord

Южен полюс

Polul Sud

Антарктида

Antarctica

Земя

pământ

суша

țară

море

mare

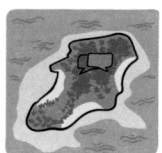

остров

insulă

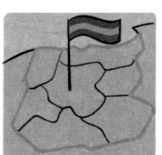

нация

națiune

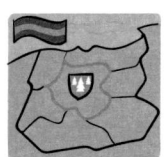

държава

stat

циферблат

cadran

стрелка на часовете

orar

стрелка на минутите

minutar

стрелка на секундите

secundar

Колко е часът?

Cât e ceasul?

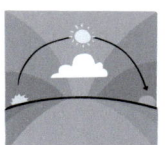

ден

zi

време

timp

сега

acum

дигитален часовник

cead digital

минута

minut

час

oră

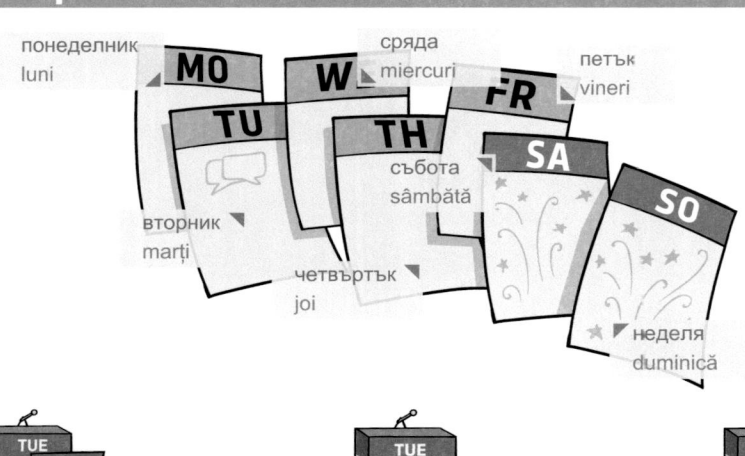

понеделник
luni

сряда
miercuri

петък
vineri

вторник
marți

четвъртък
joi

събота
sâmbătă

неделя
duminică

вчера
ieri

днес
azi

утре
mâine

сутрин
dimineață

обед
amiază

вечер
seară

| MO | TU | WE | TH | FR | SA | SU |
|----|----|----|----|----|----|----|
| 1 | 2 | 3 | 4 | 5 | 6 | 7 |
| 8 | 9 | 10 | 11 | 12 | 13 | 14 |
| 15 | 16 | 17 | 18 | 19 | 20 | 21 |
| 22 | 23 | 24 | 25 | 26 | 27 | 28 |
| 29 | 30 | 31 | 1 | 2 | 3 | 4 |

работни дни
zile lucrătoare

| MO | TU | WE | TH | FR | SA | SU |
|----|----|----|----|----|----|----|
| 1 | 2 | 3 | 4 | 5 | 6 | 7 |
| 8 | 9 | 10 | 11 | 12 | 13 | 14 |
| 15 | 16 | 17 | 18 | 19 | 20 | 21 |
| 22 | 23 | 24 | 25 | 26 | 27 | 28 |
| 29 | 30 | 31 | 1 | 2 | 3 | 4 |

уикенд
week-end

дъжд
ploaie

дъга
curcubeu

сняг
zăpadă

вятър
vânt

пролет
primăvară

есен
toamnă

лято
vară

зима
iarnă

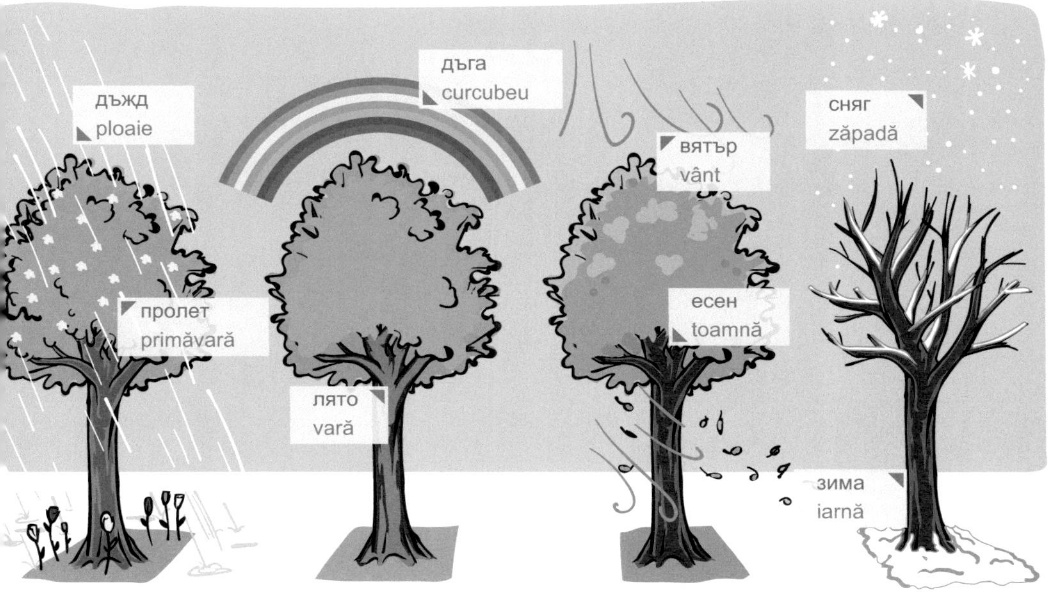

прогноза за времето

prognoză meteo

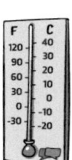

термометър

termometru

слънчева светлина

lumina soarelui

облак

nor

мъгла

ceață

влажност на въздуха

umiditate a aerului

светкавица

fulger

гръмотевица

tunet

буря

furtună

градушка

grindină

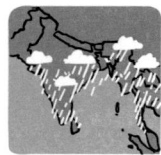

мусон

muson

наводнение

inundaţie

лед

gheaţă

януари

ianuarie

февруари

februarie

март

martie

април

aprilie

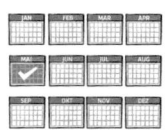

май

mai

юни

iunie

юли

iulie

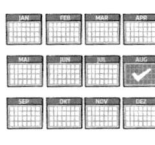

август

august

септември

septembrie

октомври

octombrie

ноември

noiembrie

декември

decembrie

# форми
## forme

кръг

cerc

квадрат

pătrat

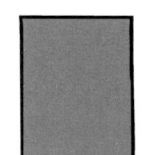

четириъгълник

dreptunghi

триъгълник

triunghi

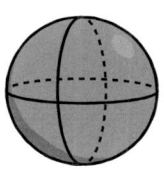

сфера

sferă

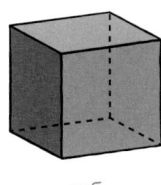

куб

cub

бял

alb

жълт

galben

оранжев

portocaliu

розов

roz

червен

roşu

лилав

violet

син

albastru

зелен

verde

кафяв

maro

сив

gri

черен

negru

много / малко

mult/puțin

ядосан / спокоен

furios/calm

красив / грозен

frumos/urât

начало / край

început/sfârșit

голям / малък

mare/mic

светъл / тъмен

luminos/întunecat

брат / сестра

frate/soră

чист / мръсен

curat/murdar

пълен / непълен

complet/incomplet

ден / нощ

zi/noapte

мъртъв / жив

mort/viu

широк / тесен

lat/strâmt

**ядлив / неядлив**

comestibil/necomestibil

**сърдит / любезен**

rău/prietenos

**развълнуван / скучаещ**

emoționat/plictisit

**дебел / тънък**

gras/slab

**най-напред / най-накрая**

primul/ultimul

**приятел / враг**

prieten/inamic

**пълен / празен**

plin/gol

**твърд / мек**

tare/moale

**тежък / лек**

greu/ușor

**глад / жажда**

foame/sete

**болен / здрав**

bolnav/sănătos

**нелегален / легален**

ilegal/legal

**интелигентен / глупав**

inteligent/stupid

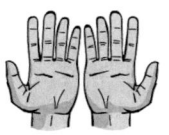

**ляво / дясно**

stânga/drepta

**близо / далече**

aproape/departe

нов / употребяван

nou/uzat

нищо / нещо

nimic/ceva

стар / млад

bătrân/tânăr

вкл. / изкл.

pornit/oprit

отворен / затворен

deschis/închis

тих / силен (звук)

încet/tare

богат / беден

bogat/sărac

правилен / погрешен

corect/fals

грапав / гладък

aspru/neted

тъжен / щастлив

trist/fericit

дълъг / къс

lung/scurt

бавен / бърз

încet/repede

мокър / сух

ud/uscat

топъл / студен

cald/rece

война / мир

război/pace

противоположности - antonime

**0**

нула

zero

**1**

едно

unu

**2**

две

doi

**3**

три

trei

**4**

четири

patru

**5**

пет

cinci

**6**

шест

șase

**7**

седем

șapte

**8**

осем

opt

**9**

девет

nouă

**10**

десет

zece

**11**

единадесет

unsprezece

**12**

дванадесет

douăsprezece

**13**

тринадесет

treisprezece

**14**

четиринадесет

paisprezece

**15**

петнадесет

cincisprezece

**16**

шестнадесет

șaisprezece

**17**

седемнадесет

șaptesprezece

**18**

осемнадесет

optsprezece

**19**

деветнадесет

nouăsprezece

**20**

двадесет

douăzeci

**100**

сто

o sută

**1.000**

хиляда

o mie

**1.000.000**

милион

un milion

английски

engleză

американски английски

engleză americană

китайски мандарин

chineza mandarină

хинди

hindi

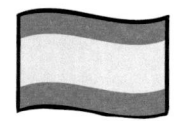

испански

spaniolă

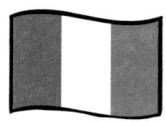

френски

franceză

арабски

arabă

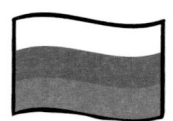

руски

rusă

португалски

protugheză

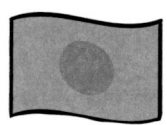

бенгалски

bengaleză

немски

germană

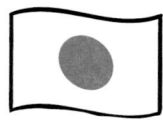

японски

japoneză

аз
eu

ти
tu

той / тя / то
el/ea

ние
noi

вие
voi

те
ea

кой?
cine?

какво?
ce?

как?
cum?

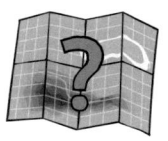

къде?
unde?

кога?
când?

HELLO, I AM

име
nume

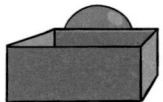

зад
................
în spate

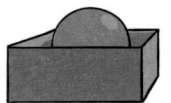

в
................
în

пред
................
înainte

над
................
peste

върху
................
pe

под
................
sub

до
................
lângă

между
................
între

място
................
loc